바람의 옷깃

이 도서의 국립중앙도서관 출판예정도서목록(CIP)은 서지정보유통지원시스템 홈페이지(http://seoji.nl.go.kr)와 국가자료종합목록시스템(http://www.nl.go.kr/kolisnet)에서 이용하실 수 있습니다.
(CIP제어번호 : CIP2019011564)

지혜사랑 200

바람의 옷깃

최명률

시인의 말

지나가는 바람도
그들의 옷깃도
나와 둘이 아니다
하물며 너와 나도
너와 나의 시간과 공간도
어찌 둘이 되겠누가

2019년 봄, 무등 아래서
최명률

차례

시인의 말 ——————————— 5

1부

직선의 몰락 ——————————— 12
원의 굴레 ———————————— 14
평행선의 고백 —————————— 15
폐차장에서 ——————————— 16
울돌목 별곡 ——————————— 18
카리스마 ———————————— 20
기둥선인장 ——————————— 22
질경이 ————————————— 23
투망 —————————————— 25
계주 관계 ——————————— 26
고로쇠나무 1 —————————— 28
고로쇠나무 2 —————————— 29
구강포 연가 ——————————— 30
어머니의 바다 —————————— 32
초암산방草庵山房의 노래 —————— 33

2부

복두쟁이가 ——— 36
신 수궁가 ——— 38
아궁이 ——— 40
만화경 ——— 41
우문현답 ——— 43
반전 ——— 44
몰래카메라 ——— 46
두꺼비에게 ——— 47
생수 ——— 48
만성리 해변 ——— 50
고패에 걸린 장끼 ——— 51
철없는 독백 ——— 52
쥐라기 공원 2 ——— 53
도무지 ——— 54
보리밥 철학 ——— 55

3부

송광사 해우소 —— 58
바람의 옷깃 —— 59
인연 —— 60
개금 알 —— 61
고인돌 —— 62
만월 —— 64
봄의 넉살 —— 65
철쭉제 —— 66
찔레꽃 함성 —— 67
사춘기 —— 68
천관산 으악새 —— 69
굴목재 —— 71
대숲 아래서 —— 72
미라가 된 겨울 —— 73
청춘에게 —— 75

4부

사리원 역에서 —— 78
시외버스 터미널에서 —— 80
겨울 남광주역 —— 81
즐거운 소음 —— 82
충장로, 밤 깊은 —— 83
석모도 밀물 —— 84
칠산도 썰물 —— 85
광암터 설화 —— 86
삼학도 —— 87
꽃무릇 당신 —— 88
능소화 질 무렵 —— 89
가을에게 —— 91
금강산 엘레지 —— 92
인간 새 —— 93
세상에서 가장 쉬운 말 —— 95

해설 • 만물의 생명력과 불이의 운명 • 이성혁 —— 98

- 일러두기
  한 연이 첫 번째 행에서 시작될 때는 > 로 표시합니다.

1부

직선의 몰락

 어떤 기준으로 말하는지 모르겠습니다만 원형으로 된 모든 것들은 나의 성정이 까칠하다고들 합니다 물론 내 입 안에는 송곳니가 있어 점령군처럼 경계선을 그어놓은 원들을 보면 본능적으로 터트리고 싶은 건 분명합니다 더구나 풍만한 그들의 권위는 경멸의 대상이 되어 이내 화살이 되어 날아가지요

 그래 모두들 새살에 상처가 나거나 새순이 꺾일 때마다 뾰족한 손을 지닌 나를 유력한 용의자로 지목합니다 가히 슬픈 운명이 아닐 수 없습니다 어떨 때에는 억울하여 수평으로 잠을 청하지 못하고 장좌불와, 수직으로 서 있었던 날들이 숱했습니다

 누군가 그랬듯이 존재는 짐승과 초인 사이에 놓인 밧줄이라고 하였습니다* 그 밧줄이 사랑스러운 것은 끊어지고 몰락하는데 있으며 피안으로 날아가는 화살이 되기 때문이지요

 그런데 어느 날, 그만 대형사고가 나고 말았어요 히필 원과 교차하는 지점에서 충돌이 일어나고 말았던 겁니다 웃기는 일은 사고 직후에 또 벌어졌습니다 웹상에서 사고 당사자들과 아무 상관도 없는 원뿔, 원기둥까지 나서며 나에 대한 익명의 악플을 올리는 겁니다 그래 나도 상처투성이인 제 몸뚱이를 의심스럽게 만져 보았던 게지요

 그런데 그 긴박한 와중에 나는 그만 실소를 하고 말았습

니다 그게 오해를 불러일으킬 수도 있겠지만 사실 깜냥에는 자신이 대견스러웠던 모양입니다 그들은 아마 웃음의 실체를 똑똑히 보았을 겁니다 충돌하는 순간, 나의 날카로움이 얼마나 둥글어 졌는지를…… 나는 늘 가련한 목숨만큼은 지켜주어야겠다고 생각했던 게지요 아마 교차로에는 지금도 둥그러진 파편들이 반짝 보석처럼 숨을 쉬고 있을 겁니다

* 니체는 몰락하는 자는 자기를 목적이라 생각하지 않고 미래의 보다 훌륭한 인류애의 과도적 단계를 생각하는 사람들이라 여겼다.

원의 굴레

그는 본래 직선이었다
그러다보니 본의 아니게 남들에게 뾰족한 상처를 주게 되었다
그래 예리한 성정을 최소화하기 위해 삼각형이 되기로 하였다
그 후, 일면 날카로움이 더해져 남들이 꺼려하는 사금파리가 되었다
한 치 앞을 내다보지 못한 다는 것이 세상사라지만 예상치 못한 진화였다
불현듯 제 살을 깎아내는 고통을 감수키로 하였다
다각형이 드러났다
구르고 또 굴러 타원형이 되었다
한쪽을 건드리면 다른 한쪽이 울룩, 저쪽을 건드리면 다시 이쪽이 불룩, 욕망과 능력이 시소를 타면서 완전한 균형은 존재하지 않았다
불안한 마음에 분노가 고이고 슬픔은 저절로 몸 안에 쌓였다
분노의 세포는 2세포 4세포로 분열이 되었고 말경에는 염색체까지 분열되면서 슬픔은 기하급수적으로 커져 갔다
일탈의 여지가 없는 닫혀있는 존재, 아무도 위로할 수 없는 고독한 경계가 되었다

평행선의 고백

 지나간 얘깁니다만, 당신과 10분 동안 마주했을 때 9분은 괴로웠습니다 그렇다고 나머지 1분이 행복했다는 건 아닙니다 울민해서 그런 게 아니고, 이게 운명이거니 생각하니 가슴이 먹먹해진 겁니다 그래 나머지 1할도 고통의 여백이었지요
 모르는 이들은 우리들이 팽팽하게 달리는 것에 대해 성격 차이라고, 불협화음 때문이라고 말잔치를 즐깁니다 그건 새가 뒤집어 날아가는 기하학적 오류일 뿐입니다 사실 우리는 철길처럼 자신의 침목에 대못을 쳐가며 견고하게 달려왔던 것은 맞습니다 나란히 금이 되어 암수딴몸인양 살아 온 겁니다
 그러다보니 간격은 시공을 넘나들며 깊은 옹이처럼 처절하게 박혀버렸습니다 메스로 떼어낼 수 있는 종양 같은 것은 아니었지요 그래 때론 그곳을 둔탁한 끌질로 도려내고 싶었습니다 머지않아 그곳에 서로에 대한 애잔한 마음마저 녹이 슬 거라 생각했던 겁니다
 그래요 우리 사이에 불꽃 튀는 접점은 없었지만 나는 당신을, 당신 또한 나를 얼마나 골똘히 생각했겠습니까 낡아 폐선이 되어도 철길 끝 저 너머 우리들의 아름다운 풍경 하나 오롯이 남기지 않았습니까 그 또한 다행이라 여길 겁니다 백번을 담금질해도 지워지지 않는, 당신은 이미 나의 지문입니다

폐차장에서

쿨럭쿨럭,
오랜 천식에 시달린 몸처럼
엔진에서 파열음이 새나온다
공장에 들어서자
여기저기서 단말마가 들려온다
들숨날숨이 더욱 거칠어진다
주치의는 비상등을 켜고 바삐 손을 움직인다
마른 대지에 단비가 내린다
숯처럼 타들어가는 입술, 촉촉이 적시고 싶다
공회전을 하고 있는 보닛 위로 열이 끓는다
활활 타오르는 관을 생각한다
푸석한 얼굴은 이내 뜨거워질 것이다
그리고 마침내 식어갈 것이다
응급실에는 관처럼 늘어선 차량들
장기 기증하듯 몸을 열고 닫을 뿐
아무 말이 없다
두 눈에도 백미러에도 빗물이 그렁하다
어디로 갈 것인가
퇴색한 길은 이미 꼬리를 감췄다
길은 만들어 지는 것이 아니라
열어 가는 것이라 했지
버튼을 눌러 본다

경로를 이탈한 주파수들이 정자처럼 달려든다
다행이다
어둠이 땅 바닥에서 바스락거린다
어둠은 빛의 존재 이유
수리실 밖으로 세차게 달리고 싶다
헤드라이트에 어둠이 들어온다

울돌목* 별곡

　모두들 잘 지내고 있지. 외지로 나가 그냥저냥 살아간다는 소식을 듣기는 했네. 사실 나도 요즘은 예전처럼 살기가 만만치 않네. 그렇지만 인정이라고 하는 것이 그래서야 되겠는가. 그래 두서없이 아니리 몇 자 적어 보네. 혹여 살다가 힘에 부치면 겸사겸사 여기 한 번 들리게나. 탁주 한 사발에 흉금을 털어놓게 말이야. 주꾸미도 먹장어도 뭍에 오르기까지는 피치 못할 사연들이 있지 않았겠는가.
　자네들도 잘 아시다시피 나도 한 때는 흥청대는 포구가 아니었던가. 명랑대첩 당시에는 주제넘게 충무공 오른팔 노릇도 했었지. 그래 생면부지의 자네들, 산전수전 공중전 빼곡히 적은 이력서를 들고 와서 목 좋은 자리에 정박하고 싶다고 들레지 않았던가. 그래 태풍이야 해일이야, 이치들이 자네들을 괴롭힐 때마다 뒤를 봐준 적이 있었지.
　그런데 내 밥 먹은 개가 발뒤축을 먼저 문다더니, 소리 소문 없이 다들 뱃머리를 돌리더군. 그래 썰물 빠지듯이 뱃길도 지워지니 앞마당 가득했던 뱃고동 소리도 사라졌지.
　자네들이 이곳을 떠난 후, 나는 홀로 뱃길을 지키며 휘뚜루마뚜루 일을 해왔다네. 때론 난 누구인가를 골똘히 묻기도 하였지만 이제는 청련거사처럼 소이부답하고 지낸다네. 만사가 힘이 있는 곳으로 쏠리는 게 염량이라지만, 글쎄 그게 왜 이리 슬픈지. 한동안은 허탈했지. 그런데 지나고 보니 그게 외려 반사경이 되어 나를 슬겁게 만들기도 했어.

호젓한 해조음 가락에 출렁출렁 곰삭은 나는 요즘 알 듯 말 듯 자네들의 직관들을 되처 생각해 보기도 하네. 살다 힘들면 여기 한 번 들리게나, 세상사 온갖 시름 옷 벗어 던진 벌거숭이 나 보러

* 울돌목 : 임진왜란 당시 전라도우수영.

카리스마

딸그락,
조심스레 신발장을 연다
정성스럽게 닦아놓은 구두를 꺼낸다
나도 구두 따라 길을 나선다

가던 길을 멈추고 꽃집 앞에 선다
유리창에 쓰인 커다란 활자를 본다
옥좌에 앉은 듯 꽃들 위에 군림하고 있다
그의 눈 밖에 벗어나면
업종이 변경될 수도 있다
백년의 집도 사라질 수도 있다

저 거역할 수 없는 완미한 시니피앙
나는 그만 그의 아우라에 뒷걸음을 친다

처음 시 쓸 때가 생각났다
밤새, 글을 쓰다 그를 상상하면
저절로 고개가 숙여지고 오금이 저려왔지

허나 어찌된 일인가
구두는 반짝 당당하기만 하다
보란 듯 비유의 거울에

그를 비추기도 하고
상징의 봉우리에 로프를 걸고 올라가
그를 발아래 두기도 한다
자신감 넘치는 초자연적 지배력이라니

그런데 구두를 닦이준 지는 누구였지

기둥선인장

그의 별은 오직 사막일 뿐이다
그의 영토에는 더러
낙타를 끌고 다니는 예닐곱의 장꾼만이 오고 간다
허나 장꾼을 내쫓는 독사처럼 영유권을 주장하거나
코끼리를 삼켜버린 보아뱀처럼 식탐을 부리지 않는다
그래서 사구가 넓거나 좁다고 느낄 까닭이 없고
물 한 모금 구하기 힘들다고 투정부릴 이유도 없다
다만 기둥 하나에 서로 기대어 살면 그로 족하고
어딘가에 오아시스가 있을 거라는 신념만이 중요할 뿐이다
때로는 모래바람이 불어 닥칠지라도
한낮의 태양이 작열할지라도
가시눈의 동공이 균형을 잃거나
머리 위의 해를 내려놓은 적이 없다
더구나 한 걸음도 움직이지 못한 자신의 처지를
운명의 장난으로 여긴 적은 더더욱 없다
다만 장꾼들이
뿌리 없이 떠도는 바람의 생태를 닮아가는 것이
가엾게 여겨질 뿐이다
밤이 되면 상극의 전장으로부터 끝없이 후퇴하여
그의 별 한가운데 수직으로 주둔할 뿐이다

질경이

여름 내 아무 들판에서나
지독한 불볕과 싹쓸바람을
온몸으로 견뎌낸 무초

보기엔 비록 완숙하진 않지만
그래도 견뎌온 세월이 있거늘
보잘 것 없다고
밟히기만 했다고
어찌 생각조차 없겠는가

온갖 간난 속에서도 이토록 자랐고
수많은 사연들이 지천으로 널려있거늘
아무 말이 없다고
대꾸 한 번 안 했다고
어찌 할 말조차 없겠는가

그렇다고
뿌리 뽑힌 나무처럼
길손의 샛길을 막거나
만경의 노도처럼
사공의 돛을 내리게 한 적은 없다

＞
수레바퀴 아래서도
소 발자국 아래서도
묵묵히 길을 열어준 하루하루의 날들

이만하면 참 괜찮게 살지 않았소

투망

매기호*를 타고 선착장에 도착하자마자
헐거워진 그물코를 기워 나갔다
별의별 관념들이 쏟아진다는 은하로 이동했다
투망질에는 누구보다 소질이 있다고 자부하던 터
눈앞에 구물거리는 물고기 떼를 보고
어찌 그물을 던지지 않으랴
욕망과 능력이 균형을 이룬 상태라야
존재는 행복하다고 했지
그물코가 헐거워질 때까지 투망질을 해댔다
무중력의 장강에는 어두운 관념들이
갈앉지도 않고
죽은 물고기 떼처럼 둥둥 떠다녔다
은하에서 건진 것은 오직 환한 어둠뿐이었다
무구한 별들이 뾰족한 부리로
오만의 그물을 찢어버린 것이다
욕망은 한갓
기슭에 버려진 잡어에 지나지 않았다

* 아이린 하스의 그림동화에 나오는 배.

계주 관계

누군가 그랬지, 젊음과 늙음은 중간 항이 존재하지 않고 창과 방패처럼 자주 부딪치는 모순 관계라고

젊다는 말은 나이가 적거나 한창때에 있다든지 실제보다 나이가 적게 느껴진다든지 대체로 아이돌다운 의미망을 거느리고 있다
그런 패기가 있기에 역사의 거대한 수레바퀴를 돌리는 것이고 그런 불굴의 의지가 있기에 개혁의 선두에 서서 적폐를 청산하기도 한다

하지만 질주 본능만이 씩씩거리는 분주한 굉음만 있을 뿐 진중하지 못한 점도 없지는 않다
그래서 지금까지의 역동적이고 진보적이라는 평가는 이제 재고되어야 할 문제이다
알고 보면 진행형이 없는 형용사의 속성을 지니고 있기 때문이다
결국 현재의 모습이나 상태가 그렇다는 것뿐이고, 누구나 정신없이 살다가 지나간다는 것뿐이니, 자칫 유통기간이 표시된 포장 용기, 그 무엇에 불과할 수도 있다

늙(는)다는 말은 나이를 많이 먹거나 겉모습 따위가 제 나이보다 더 들어 보인다든지 식물 따위가 지나치게 익거나

자란 상태가 된다든지 대체로 늙수그레한 느낌을 지울 수 없다
   게다가 비둘기보다 오랫동안 공원을 차지하는 허리 굽은 모습도 보이기도 한다

   하지만 오랜 경험을 지니고 있어 중요한 결정을 내릴 때 진중한 면도 있다는 사실을 간과해서는 안 된다
   그래서 지금까지의 정적이고 보수적이라는 편견은 이제 재고되어야 할 문제이다
   알고 보면 서서히 익어가는 진행형이 존재하고 역동적인 동사의 속성을 지녔기 때문이다
   결코 고여 있는 주름진 연못이 아니라 젊음에게 대해를 열어주기 위해 마침내 장강에서 전사하는 영웅, 그 무엇에 비견될 수도 있다

   그리하여 누군가 그랬지, 이제 젊음과 늙음은 모순관계가 아니라 손이 손에게 바통을 이어주는 계주 관계라고

고로쇠나무 1

　어릴 적 봄밤 포근하게 감싸시던 어머니 감미로운 숨결을 베고 누워, 아이처럼 안겨 있는 밤하늘의 별무리를 바라보았지
　쌔근쌔근 숨 쉬듯 차르르 흐르는 은하수, 놀라 뛰는 마음으로 바라보았지

　난 금세 어머니 품에 작은 우주가 되어 어둠의 강, 별빛 환한 길 따라 쪽배 타고 흘러가는데, 숱한 행성의 무리들, 저도 마을 숲에서 눈 반짝이는 나를 보며 내 맘을 헤집고 흘러드는 게 아닌가

　끊임없이 자유자재로 내 무구한 숲을 마음껏 오가는, 송두리째 어린 마음의 파장을 흔들어 놓은 은하수는 어디에서 발원했을까
　제법 어른스럽게 팔짱을 끼고 골똘히 생각하다가, 응당 어머니 젖줄을 닮은, 별빛 콸콸 쏟아지는 천상의 옹달샘이 아닐까 그럴싸한 생각을 했지

　그 마음 지금도 변함이 없어, 샛강 돌무더기를 거침없이 역류하는 고기떼들의 비상을 보거나, 그들의 거친 숨소리가 귓전에 맴돌 때마다, 잿빛 가지 야위어 가면서도 어머니의 젖을 쏟아내는 네 물관이 있기 때문일 거라 믿고 있지

고로쇠나무 2

도깨비 살림 몸통인가

하염없이 비우고 또 비우더니
앙상한 가슴만 남았구려

속절없이 사르고 또 사르더니
무욕의 탑만 켜켜이 쌓았구려

모정의 샘이여
소신공양의 현신이여

욕망의 입들
쩍 벌리고 달려들어도
부스스한 몸 추슬러 젖을 내주는

숱한 바늘들
온 몸 찔러대도
기꺼이 선혈마저 내어주는

어머니
오, 나의 보리살타여

구강포 연가

사는 것이 다 속물 같다더니 뜨는 해도 저문 달도 잊고 살았던가

정초가 되니 차량 따라 인파 따라 성묘 길을 간다

생각해 보면, 어린 시절 정작 오지게 키워주신 가학리 얄머니*

이제라도 소주 사서 찾아뵈면 그래도 큰 외손주 알아보시겠지

당신 돌아가신 날, 보리밥 먹고 구역질하고 수수떡 먹고 체하던 급살 맞을 놈을 용서하시겠지

정갈한 머릿결이 꽃상여 떠날 때마다 삼대 껍질처럼 거칠어져 갔는데……

세파에 찌든 옷을 벗고 와불처럼 누워 계신 채, 발길 드문 녀석 원망도 없으시구나

평생 백합처럼 깨끗한 성정 보이시다가 들녘 모퉁이에 허름한 주름살, 고된 뼈를 묻고

산 너머 멀리 달맞이하러 가셨는가

해거름이 되자 뒷동산에 선한 달로 떠오르신다

여름날이면 도랑 위에 나무집 지어 부채 바람 손바람 재워주시고, 싸락눈에 잠 못 든 설렌 밤중이면 눈 소리 덮고 자라며 조웅전의 눈물과 사랑을 들려주시던 나의 얄머니

가학산 그리메에 놀다 황혼에 물든 붉은 얼굴로 돌아오면 며칠 째 보지 못한 듯 끈적인 볼을 닦아주고 안아 주시

던……
　지금도 살아 계시어 부처 손으로 아픈 곳 가려운 곳 쓸어 주셨으면……
　얄머니, 이제 가학산 물줄기 구강포 흐르는 소리, 어린 나처럼 자장자장 들으세요
　그 물줄기 따라 대해로 가시어 무량한 물꽃으로 피어나세요

　　* 얄머니 : 어린 시절, 외할머니를 그렇게 부름.

어머니의 바다

바람꽃이
폭풍을 일으킬 때마다
밤배는
물이랑의 경계에서
잠을 이루지 못한다
바다는
바람의 현기증에 시달리며
야윈 얼굴로 수척해져만 가는데
어둑새벽까지 뜬눈으로 지새우며
웅크려 떨고 있는 배의 등을 다독인다
새날이 되자
바다는 다시 배를 일으켜 세우고
따스한 국밥 같은 여명을 내어준다

어머니는
밤새
젖은 등불이 마를 때까지
세파에 찢겨나간
아들의 옷섶을
한 땀 한 땀 기우셨다

초암산방草庵山房*의 노래

집은 새들의 보금자리요, 우리들의 둥지입니다
우리들의 둥지엔 성 같이 든든한 초암산이 둘러있고
장강의 유장한 가락이 펼쳐집니다
산으로 강으로 사계절이 풍요롭고
마음은 이미 육신의 노예가 되지 않았으니
그 즐거움, 어디에 견주리까

배산임수, 그 한가운데
이름만 들어도 그리움이 왈칵 쏟아지는
우리들의 본향이 있습니다
이곳에서 만나 천자만손
도란도란 혈육의 정을 나눕니다

의지하지 말라, 그 무엇에도 기대지 말라
의지하고 기댈 것은 초월할 수 있는 마음뿐이다
새벽별 같이 깨어나 자유로이 활동하는 이슬의 정신뿐이다
심외무법心外無法 즉심시불卽心是佛
마음 외에 달리 법이 없고 자신의 마음이 이미 부처인줄 알라

초암산방엔 이렇듯 대숲소리처럼 잔잔한
아버님 그리고 어머님 말씀이 들립니다

우리들의 유구한 역사가 있고
우리들의 고단한 생을 충전하는 에너지가 있습니다
출향 객지 험난한 세상사,
거대한 수레바퀴를 돌리는 힘이 있습니다

그 무량한 특권을 무시로 누리고자
우리 모두 새처럼 바람처럼 모여듭니다
모여서 일가의 축제를 벌입니다
축제의 노래를 부르고 다시 노래의 씨를 뿌립니다
사랑이여, 행복이여, 이곳에서 발원하라

* 보성군 겸백면 소재 고택.

2부

복두쟁이가

 어느 고을에 둘째가라면 서러울 솜씨를 지닌 복두쟁이가 살았는데, 어느 날 궁궐의 부름을 받고서는 며칠 동안 잠을 이루지 못하고 이런 생각 저런 생각에 잠기게 되었더라
 궁궐의 전각과 추녀마루 위에 놓인 어처구니만 보더라도 그렇고, 수라상에 반듯하게 놓인 산해진미만 보더라도 그렇고, 비뚤어질 것이라곤 하나도 없을 그곳에서 그걸 먹고사는 임금님은 코도 반듯 입도 반듯 귀도 반 듯 하지 않겠는가
 하던 차에, 드디어 복두쟁이 대망의 꿈을 안고 용안을 뵌다는 마음에 두근반세근반 떨리는 마음을 안고 대궐 안으로 걸싸게 들어갔겠다
 아, 그런데 이 양반 보소
 수려한 임금의 이마를 자로 재고 눈으로 재다가 갑자기 희한하게 생긴 임금의 귀를 보게 되었더라
 가분자기 당나귀 귀때기가 생각났던 모양이더라
 그래 웃다가 참다가, 참다가 웃다가 거의 미칠 지경이 되었구나
 게다가 문제까지 생기게 되었는데, 그것이 뭐냐면 국가원수 모독죈가 뭔가 하는 놈이었다
 이놈이 얼마나 무서운 놈이냐 하면 조동이를 함부로 놀려 댔다가는 삼족이 멸하게 되거나 육시를 당한다는 것이었다
 그래 겁이 덜컹 난 복두쟁이는 가까스로 임무를 마치고서

는 뭐가 빠지게 집으로 돌아오는데 자나 깨나 그 놈의 모독 죈가 뭔가 하는 놈이 눈앞에서 왔다 갔다 하면서 말문을 아예 잠가 버렸겠다

그러던 차에, 인간적으로다가 갑상선까지 부어오르게 되었는데, 며칠 동안 말까지 굶다 보니 말하기 좋아하던 놈이 환장하겠나 보더라

에라 모르겠다, 이래도 뒈지고 저래도 뒈질 목숨, 암만하여도 유언비어라도 날조해야 숨을 쉴 수 있겠구나

하구서는 집을 나서게 되었는데, 눈앞에 울울 창창 창창 울울 대숲이 보이지 않겠는가

때맞추어 총기가 작동하더니 찬스 판을 꺼내어 사용하듯 그리로 후다닥 들어가서는,

'임금님귀는 당나귀귀 임금님귀는 당나귀귀'

죽을 각오로 외쳐 대니, 그때야 들숨날숨 심폐소생 숨 돌아오고 죽순도 덩달아 쑥 올라오더라

옳거니, 말을 하고 싶은 욕망은 언제 어디서나 목숨과 다리를 놓고 있었네

신 수궁가

 바야흐로 셰에라자드*, 황제의 밤 시중을 들기 위해 용왕이 계신 수궁 영덕전 너른 마당에 서넛 바퀴 빙그르르 내팽개쳐진 토끼처럼 침실에 갇혔겠다
 그 동안 아내의 부정을 노여워하던 샤플리얄이 스트레스인가 스트레이트인가를 받아서 노기를 띠게 되었는데, 이게 장난이 아니더라
 그러니까 하룻밤 시중을 들던 동녀들이 동이 트면 그 놈의 서슬 퍼런 칼날에 풀잎처럼 뚝뚝 잘려 나가지 않았겠는가
 그 처참한 꼴을 보와 왔던 셰에라자드, 이제 살기 위해서는 그놈의 노기를 단번에 꺾어야만 하는데, 어떻게든 살아남아야겠구나 하던 차에 묘안이 둥실 말풍선처럼 떠오르더라
 '그놈의 호기심을 자극하여 죽고 못 살게 만들어야 하겠구나'하고 무릎을 탁치며 좋아하더라
 하여 일단 재미난 이야기 레시피를 생각해 내고서는 밤 시중을 들게 되었는데, 명주 실 뽑아내듯 쭈욱쭉 걸쭉하게 뽑아내더라
 그런즉 샤플리얄의 귀가 용왕의 넓죽한 입처럼 커져 토끼의 간을 산채로 빼먹으려는 듯 딱 벌리고서는 눈앞까지 달려드는구나
 하루가 지나가고 백날이 지나가고 천일이 지나가도록 그 놈이 잠잘 줄을 모르고 자꾸 말 심부름만 시키는데, 셰에라자드 왈,

'말을허라니까 허오리다 말을허라니까 허오리다'하면서 죽기 살기로 밤을 이어가더라

팽팽한 전선야곡이 밤새 박꽃 줄기처럼 쭉쭉 뻗어 나갈 적에, 셰에라자드 토끼 용궁 갔다 오듯 죽음의 침대에서 겨우 빠져 나오게 되더라

오호라, 갑이 욕망은 언제 어디서나 을의 죽음을 담보로 하고 있었네

* 천일야화의 이야기를 술탄(통치자)에게 들려주는 전설의 페르시아 왕비이다.

아궁이

묵언수행에 든
그가
제자들을 불러 모아 놓고
마침내 빗장 걸어둔 입을 연다
세상을 풍선처럼 가볍게 여기고
갑질이야 을질이야 세습이야 네습이야
온갖 것 다 누리다가 급기야
포토라인에 서서도 자해하는
가시들에게
네 몸에 생채기를 더 이상 내지 말라
스스로의 금기를 깨버린 채
경박한 나무들마저 죄다 살라버린다
잠시 좌중을 돌아보더니, 이제껏
자신의 곁을 한 번도 떠나지 않고
되양되양한 잡목들을 살라온
부지깽이에게
너는 어찌 내 곁을 떠나지 않고
초야에 버려진 광치가 되거나
종내 불 타버린 재가 되느냐
마지막 화두를 던지며
다시 빗장을 건다

만화경

언젠가는 나귀들이 하늘을 날 겁니다 그러면 금붕어의 집이 어항이듯 나귀의 집은 마구간이 아닌 그 무엇이 되겠지요 날이 저물면 현명한 나귀들은 새장을 찾게 될 겁니다 그럼 하늘을 내어준 새들은 어디로 가야할까요

구름이 정권이라는 뜻을 지니지 말라는 법이 있겠습니까 권력의 마력에 빠져 있는 자들은 모반을 꿈꾸는 것 자체를 반역이라 명명해 왔습니다 그래 그들만의 리그에서는 구름에 도전하는 행위는 중대한 모독이 되었지요 그리고 보니 이제 뜬구름을 잡으려고 아등바등하는 이가 많아지겠네요

눈송이가 모래로 만들어지지 말라는 법도 없지요 빗물이 모여 연못을 이루듯 이제 눈이 내리면 온 세상은 사막이 되겠지요 천지의 비열은 더욱 낮아져 척박한 영하의 영토가 될 겁니다 그렇지 않아도 황량한데 말입니다

우울한 얼굴은 명랑한 얼굴이 될 겁니다. 사실 이 즈음 미간을 펴고 살기가 어찌 그리 쉬우나요 참 잘 되었네요 이제 빙퉁그러져도 누가 시비 걸지 않겠어요 인상이 찌그러질수록 까무러지는 폭소가 터질 테니까요

요리사는 주방에서 도마 위에 기표를 올려놓고 날마다 칼

질을 해댈 겁니다 그러면 오페라하우스에서 울려 퍼진 음악이 오페라이듯 요리사의 요리는 기막힌 콘티가 되겠지요 연출자는 난타, 제목은 도마질 세상

　어느 날은 다이아몬드가 과일이 될 겁니다 그러면 조개에서 진주가 나오듯 유실수마다 다이아몬드가 주렁주렁 열리게 될 겁니다 너도 나도 씹어 먹는 다이아몬드, 아사삭아사삭 아삭거리는 값싼 세상

우문현답

집중력이 떨어지는 나른한 오후
졸음을 쫓기 위해, 아이들에게
기발한 농담 한 소절을 건네 본다
고양시에서 전학 온 김고양 군,
백석의 고향을 낭독해 볼까
웃음 문결이 범람하리라 예측했는데
기상이변이라도 일어난 것일까
사방에서 차가운 야유, 우박처럼 쏟아진다
썰렁한 분위기를 바꿔 보려고
그럼 고향이 어디냐고 말머리를 돌리니
이사했던 아파트를 죄다 말하는 아이
이 동네인가 저 동네인가 횡설수설하는 아이
얼굴에 당황한 빛, 폭우처럼 쏟아진다
이 때 한 아이가 벌떡 일어나
샘, 제 고향은요 병원이요 병원
탯줄 자른 곳이라 그렇다며
들끓는 주파수처럼 징징거린다
그곳엔 고향도 아버지도
아버지의 친구도 다 없었다*
차가운 가위 소리만
싹둑, 산발한다

* 백석의 시 「고향」의 일부.

반전

 겉으로는 온순하고 겁이 많은 척하면서 이권이 개입되면 공격성이 배가 되는 카라신과의 폭군

 이역만리 남아메리카 출신이면서 터줏대감을 밀어낸 굴러온 돌

 문제는 먹이를 주는 제 주인마저 알아보지 못하고 쪼아대는 후안무치한 녀석이라는 점

 좁은 어로를 오가며 서로의 입을 쪼아대면 녀석들이 또 전쟁을 시작했다며 핀잔을 주고 때로는 족보까지 운운하며 제들 본래 재수 없는 종족이라며 서슴없이 인신공격을 퍼붓지

 그래 수족관 밖에서는 너희들을 왕 싸가지라고 부르지

 편견이야, 어찌 어느 세상엔들 없겠는가마는

 블랙테트라, 세상사 아랑곳하지도 않고 끝도 갓도 없이 떼 지어 다니며 연신 주둥이를 부딪친다

 사랑은 이렇게 물어뜯으며 어찌할 바를 몰라야 한다며 저

문 바다가 노을을 힘껏 빨아들이듯 주둥이를 벌겋게 물들인다

몰래카메라

먹방계에서도 그랬지만
넌 이쪽에서도 소문난 대식가이지
눈이 충혈 되어도 잠에 취해도
표적의 미동만 감지되면
굶주린 이리처럼 닥친 대로 물어뜯지
찰칵 찰칵, 너의 무력은
벌겋게 녹아버린 태양 아래서도
심지어 검게 타버린 밤하늘에서도
섬광을 비쳐 다 먹어치우지
제 몸의 종양은 커져가거늘
숱한 나날, 생채기만 들여다보는
질기고도 질긴 관음증
안압에 시달리다 시린 눈 비벼대다
실핏줄 터지고 안구까지 패인 채로
전봇대에 참수된 채 매달려 있네
누구를 기다린다는 망부석인가
아, 애처롭고 **뻔뻔한** 꼭두각시놀음
변명의 모자를 눌러쓴 허수아비여

두꺼비에게

거울 한번 들여다 봐

자넨 역시 피부가 매력적이야
돌기는 우둘투둘하지만 온 몸에 윤기가 자르르 흐르잖아
깜빡이는 두 눈에는 언제나 처세의 샘물이 넘쳐흐르지
믿음직하게 꽉 다문 입술도 봐봐
첨 본 이는 평생 동지를 하고 싶을 거야
슬몃슬몃 기어 다니는 폼은 또 어떻고
정말 듬직하다니까
본능이겠지만 산란할 때는 일단 일급수에 둥지를 튼단 말이지
물이 맑으면 물고기가 없다고들 야단이지만, 입바른 가문의 성정을 누가 탓하겠는가
더구나 밤이 되면 소리 소문 없이 파리모기까지 잡아주질 않았던가
살충제 하나 없이 혀 하나로 세상을 평정하다니
가히 구국의 횃불일세
간밤엔, 평생 땅만 일궈먹은 땅강아지 시신마저도 자네의 그 긴 혀로 수습했다며
대단한 정치력이야
그만하면 이제 만사에 뛰어들어도 입신은 물론 양명도 하겠네 그려

정말이지, 거울 한번 들여다 봐

생수

심연에서 태어나 가공된 몸뚱이
냉장 보관을 잘 하면
뚜껑 열린 인간보다
생생한 여생을 보낼 수 있다
얼마쯤 정해진 유통기간보다
꽤나 오래 장수할 수 있다
얇고 투명한 비닐집에서
가슴 조이며 살아온
은둔의 나날들
하룻밤 지새우고 나면
결백의 꿈에 가위눌려
불안한 그림자가 출렁인다
허나 거역할 수 없이 다가오는
산화의 유혹
문 열어라, 뚜껑 열어라
사방에서 닫힌 몸을 쿵쿵 두드린다
그새 미로 끝까지 쫓아 온
검은 외투 입은 이끼들
물고기비늘처럼 살갗에 척 달라붙는다
습한 그림자들
넝쿨처럼 온 몸에 퍼져 나간다
언젠가는

외지로 떠났다가 돌아온 무기물질들
소주에 희석되어 흠뻑 취한 채
처음처럼 고백처럼 말한 적 있었지
뚜껑 닫고 살자고

만성리 해변

전라도라, 그 이름만 불러도 저절로 흥이 나는 '절라도'

그곳에서도 구불구불 휘어진 가락, 그 길을 타고 내려가면 만성리 해변이 나타나지요

햇가지 꽃눈 뜰 때 쯤 해안선에 들어가면 눈앞에 흥겨운 일들이 벌어집니다

모래라는 모래들이 죄다 눈을 뜨고 있는거죠

겨우내 인고했던 모래 속 뜨거운 지열이 올라와 눈을 번쩍 뜨게 하고 꽃도 화들짝 피게 하지요

그러니까 검은 모래가 마치 사천왕처럼 눈을 부릅뜨고 있단 말입니다

만성리 휑한 천지, 모래라는 모래들이 죄다 성불을 한 셈이죠

그래요, 모래에 부처의 심장이 팔딱팔딱 뛰고 있다는 겁니다

그래 파란 옥에 연꽃을 새겨 검은 모래에 심어도 삼동 내내 세 묶음 족히 화들짝 피어난다는 겁니다

바삭바삭 타버린 검은 모래에 군밤 닷 되를 심어도 움이 트고 싹이 돋아 기어이 기적이 열린다는 겁니다

만성리에 오실 건가요, 재앙의 씨를 뿌릴 자에겐 빗장 걸린

고패에 걸린 장끼

공원 광장, 후박나무 그늘 아래서
모이를 쪼고 있는 비둘기 떼를 본다
물오른 비둘기 떼들
매력적이기도 하여라
매끈한 깃털을 보니
부드리옴 을 만지고 싶다
살금살금 다가선다
다가선 걸음만큼 뒷걸음질이다
한동안 밀고 댕기는 평행선이 이어진다
갈퀴 같은 딴마음을 알아차린 모양이다
겁에 질린 까만 눈이
몸뚱이보다 저 멀리 가 있다
얼굴이 화끈거린다
까투리가 그토록 만류하던 그 콩을
덜컥 집어 먹다가 영락없이
죽을 고비에 처한 장끼 모양이다
아름다운 것은 그저
먼발치에서 바라만 보는 것
후박나무 그늘도 사라진다

철없는 독백

능선에 오르니 헉헉 힘이 든다
엊저녁 마지막 뉴스까지 본 후에 잠 들었으니 힘들 수밖에
나의 독백이 혀를 끌끌 찬다

상기된 단풍나무 아래서 숨을 고른다
뿌옇게 먼지바람이 지나간 시간 뒤에서 에움길을 돌아본다

텅, 텅
농염했던 몸을 비운 늦가을이 능선 저만치께 걸어가고 있다

바스락, 한 켜씩 허물 벗는 숲들의 옷 벗는 소리
너덜 속 졸졸 흘러가는 계곡의 낮은 숨소리

텅, 텅, 다시 텅 텅
배낭의 허기가 생각난다

태없는 사상의 열매들을 주워 담는다
채울수록 가벼워진다

등줄기를 타고 상활한 즐거움이 내려간다
새털의 가벼움이 이러겠는가, 청설모가 엿들을까 보다
나의 독백이 킥킥 웃는다

쥐라기 공원 2

하늘까지 치솟아 오른다,
화살촉 같이 뾰족한 공중 탑들
철기병으로 무장한 높바람을 뚫고
백기를 든 허공마저 명중시킨다
금세 바람소리도 제어하더니
공원 숲에 짐입해 처녀림도 삼켜버린다
만국기가 펄럭이는 해변에는
동화 속에 나오는 궁전들이 가득하다
소풍 나온 아이들의 무구한 동심을
갈퀴 같은 굴착기로 파낸 것은 아닐까
궁전 앞을 지나다 먼지 같앉은
조각상을 바라다본다
전리품처럼 낯설다
길가에 즐비한 카페에서는
이국의 향이 퍼져나가고 종일
감겼다 풀렸다 반복하는 선율에선
늘어진 하루가 표류 중이다
저기 거침없이 먹어치우는
공룡이 달려온다

도무지

지열에 지쳐 그만 시들었는가
떡갈나무 잎사귀들 포복 중이다
두건으로 무장한 한 떼의 무리들
무더위에도 아랑곳 않고 종일
능선을 훑고 다닌다
봄에 양기를 받은 새 솔이 최고라며
점령군처럼 마구 꺾어댄다
무엇에 쓰려 하느냐고 물으니
설탕에 숙성시켜 놓았다가……
깜짝 놀라며 비밀이라도 탄로 난 듯
재빨리 새어나온 말을 주워 삼킨다
아이고, 발설하면 안 되는데
몸에 좋다면 남아나는 게 없어요
제 손에 솔잎 한 움큼 말아 쥔 채로
동의보감을 도난당한 허준처럼
괜히 억울해 한다

보리밥 철학

  50분마다 한 사람씩 프랑스의 도로 위에서 죽어요. 저 사람들 보세요. 주위에서 차를 굴리고 있는 저 미친 사람들. 저들은 거리에서 어떤 할머니가 털리는 걸 보면 지극히 몸 사리는 바로 그들이에요. 한데 어째서 운전석에 앉으면 두려움을 모르게 되는 걸까요?*

  첫 구절을 읽다가 책장을 덮어 버렸다
  급한 전화가 왔다거나 응급상황이 발생한 것은 아니다
  더 이상 읽을 자신이 없었던 것이다
  나도 이미 저들의 함의 속에 빠져버렸기 때문이다
  이 누추함과 그 공허함,
  그 등속의 텅 빈 허기를 달래기 위해 보리밥집에 들렀다
  보기엔 거칠어 보여도 씹으면 씹을수록 여간 단맛이 나는, 사기그릇에 고봉으로 퍼 담아놓아서 보기만 해도 배가 부르는, 김 모락모락 나는 따스한 그 무엇
  푸성귀 위에 한 술 퍼서 고추에 된장 놓고 젓갈 얹어 세월 가라며 쌈 싸먹으며 이런 생각을 해 보는 것이다
  꽃이 된다면 민들레가 되리라
  며칠 간 향기가 복욱하다 비를 맞으면 금세 사라지는, 범접할 수 없는 금 면류관을 쓴 금 목서가 아니라, 바람 불면 서로를 찌르고 피멍이 들어도 바람과 함께 시린 상처 후후 불어 주는, 들녘 아무 곳에서나 피었다 졌다 다시 흐드러지

게 피어나는 민들레가 되리라
 물결로 따진다면 은물결이 되리라
 석양 무렵 황홀하게 얼굴을 드러낸 오색찬란한 황금물결이 아니라, 엄마가 섬 그늘에 굴 따러 가도 아기가 혼자남아 한나절 스르르르 잠드는 잔잔한 은물결이 되리라
 머리에 신형 엔진을 달고 초고속 질주하는 이들이여
 마음에 페달을 밟으며 강둑을 천천히 달려 보라
 민들레 홀씨의 상처도 만져주고 샛강의 잔물결 소리도 들어주어야 하지 않겠는가

* 밀란 쿤데라의 『느림』의 일부.

3부

송광사 해우소

근심, 우울
죄
  다
    풍
      덩
오오, 못난
덩어리들

주접 소리
발효되어
솔밭에서
지저귀는

까만 어둠
승천하여
천상에서
빛이 나는

바람의 옷깃

스쳐 지나가는 바람은 아닐진대

그것은 경이로운 것

단단한 보습으로 파낼 수 없는

날카로운 환도로도 자를 수 없는

아, 불이不二의 운명

인연

화원 앞을 지나다
비밀스런 향기에 발을 멈춘다
향기의 미로 끝에 걸린
유리창에 새겨진 꽃을 바라본다
꽃과 두절된 채
꽃에 기생하는 저 꽃은 무엇인가
난해한 상극의 일치라니
이 꽃과 저 꽃은
언제 어디서 어떻게 만났을까
아마 전생에 동음이의어처럼 살았으리라
금년 봄,
꽃들이 봄의 성을 쌓을 때
저 꽃은 그들과의 기막힌 재회를 위해
유리 성 앞을 수없이 오갔으리라
종일 까치발로 서서 성 안을
몇 번이고 기웃거렸으리라
보란 듯, 꽃대(꽃) 위에 망울(^^)까지 달아
꽃을 유혹하고 말겠다는 듯
저 발정 난 이모티콘
아, 불가피한 필연의 의지라니

개금 알

또
  그
    르
      르
    또
  옥
똑

개금 알 하나

생生은 이렇듯

길고도 짧은 여로

숨죽이며 바라보다

숨 넘어 갔다

고인돌

누구인가,
가슴 거뭇거뭇 타질 때까지
청동기 들녘에서
떠나지 못한 저 여인은

누구인가,
억겁의 강물이 마를 때까지
황량한 벌판에서
표류하고 있는 저 사내는

떠난 사람, 어둠길로
다시 돌아올까
밑불을 지키며
서성거리는 가슴아

채석장 곳곳마다
조각난 석혈마다
마른 눈물 가득 고인
가슴 샘마다

아, 낙루 같은 인정이
돌 틈까지 뿌리내려

선채로 돌이 된
숨 막히는 정지여

오매불망 기다리다
그예
덩어리 채 굳어버린
견고한 그리움이여

만월

생각만도 가슴 쿵쿵
그댄 어느새
사태처럼 밀물처럼
다가옵니다

눈부신 그대의
침묵 옆에서
빈 가슴 저 홀로
앉아 있어도

그대는 어느 새
차르르르륵
시처럼 노래처럼
차오릅니다

아, 몇 날을 지새워도
달뜬 포만감이여
대낮보다 명백한
환한 어둠이여

봄의 넉살

온도계 눈금처럼 더디다,
봄의 어눌한 발걸음들
몽골의 스산한 겨울이 묻어 있는
불치의 바람들
명치끝을 옥죈다
몇 날이던가
유령의 모자를 눌러 쓴 망각의 절기가
봄의 뒷덜미를 후려친다
삐이걱, 아침햇살이
조심스레 동천의 문을 열고 나타나
빗질하듯 얼어붙은 텃밭을 쓸어댄다
소스라쳤던 기억에 온기가 더해지면
거리마다 대지마다
주체할 수 없이 뛰쳐나온 시위꾼들
촘촘한 삼동의 그물망을 뚫고 나온다
시르죽은 채 눈치만 보던 대지에서도
섭리의 함성이 까르르 터져 나온다
한파 끝에 맛보는 해장국 같은 넉살들
체증이 내려간 듯 후련하다
불 테면 불어라, 이 고얀 이방인아

철쭉제

자,
여기
봄, 일어선다
동토를 뚫는다,
숙수그레한 맹아들
화란 춘성을 쌓는다,
다물다물 아지랑이들
오월 초입에 들자마자
화르르 밑불 달아오르고
꽃샘잎샘 툭툭 분지르며
소용돌이치는 홍염들이여
지칠 줄 모르고 꽃샘 사르는
벌건 접낫 같은 몸뚱아리여
그대 얼마를 더 살라버려야
그 광기가 수그러들겠는가
천방지방으로 뛰어 다니며
온산을 붉게 물들이다가
한세상 못 다한 사랑
목청껏 쏟아내다가
스스로의 무게로
함지에 갈앉은
노을
꽃

찔레꽃 함성

찔레 향이 무등산 곡지에서
부글부글 끓고 있을 무렵
먼 동리에서 발정 난 수캐들
사방으로 컹컹 울어 짖는데
복욱한 향기에 취해
보드레한 하순에 취해
종일 넋을 놓고 있는 오월
나도 따라 원고를 덮고
잠시 턱을 괴고 있다가
대문을 살며시 열고
향기 나는 곳으로
뒤따라 나가는 것인데
하뿔싸,
금남로*에 흩뿌려진
그날
그
찔레꽃 함성

* 5 · 18 광주민주화운동이 일어난 역사적 현장임.

사춘기

새털구름이 하늘 정원에서
뭉게뭉게 피어오른다
시원한 풍금소리처럼
활기차게 퍼져가는 상큼함,
싱그럽기만 하여라
고무줄놀이를 하듯
뛰어다니는 저 발랄함,
부럽기도 하여라
바람이 불어온다
훼방 놓을 심산인가
가쁜 숨 몰아쉬며
먹구름도 몰려온다
제들끼리 좋다 싫다,
한나절 시비 중이다
새털구름은 우두커니 서서
위기의 신호등이 된다
그렇게 노을에 물들어 갈 무렵
이제는 가타부타
한 마디는 해야 할 텐데
먹구름만 붉게 애 터지는 시간

천관산 으악새

저기
가을이 가고 있다
숨탄것들 애를 태우며
가녈한 가을이 스러지고 있다

시붉은 햇귀는 너의 발치에서
온갖 설화를 쏟아내며 서성거리는데
은빛으로 창백해져만 가는
침묵의 끝은 어디인가

알 수 없는 네 마음 속 동굴로
바람도 저저이 노 저어 가는데
갈수록 무음의 소리만 들리는
비정의 끝은 어디인가

아는가,
네 곁에서 철썩이다 터져 버린
놀의 붉디붉은 심장을
석양의 언저리에 밤이 닿으면
그때야 소매를 당기려는지

저기

가을이 스러지고 있다
숨탄것들 애 끓는
서릿가을이 가고 있다

굴목재*

창망한 하늘이 새털구름을 삼켜버렸나
굴참나무 우듬지에 매지구름 덮는다
비릿한 어둠이 사방으로 흩어진다
노각나무는 계절에 흠뻑 젖어
늦잎의 몸을 떨어내는데
구물거리는 한랭 전선에
여린 마음마저 무너진다
버거운 중력에 흔들리는 가지들
애면글면 버텨온 관성의 습관으로
서로의 손목을 부여잡는다
허공에 표류하던 난파선 상념들도
구불구불 굴목에 살며시 내려앉아
하나 둘씩 닻을 내려 정박을 한다
그제야
잔바람도 먼 길을 떠나고
허기진 동백 숲에 동박새 날아든다

* 굴목재 : 승주, 조계산에 있는 숲길.

대숲 아래서

적막한 대숲에 폭설이 내리면
겨울은 댓잎처럼 파르르 떱니다
동고비는 어느 새 먼 길에서 돌아와
우듬지에 내려앉아 숨을 고르고
파드득 흰 눈을 털어 냅니다
허공에 흩날리는 눈발 사이로
오후는 한나절 눈부십니다
이윽고 텃마당에 땅거미가 내려오면
숲에 날아 든 새들은 나래를 접고
생의 긴 행렬을 되돌아봅니다
창호에서 흘러나온 따스한 불빛
인내하다 흔들리다 또 인내하다
꿈틀대는 물상들의 밤길을 밝히며
기나긴 겨울밤을 꼬박 샙니다
아침이 눈을 뜨고 햇살로 가득차면
움츠려있다 깨어난 새순 아기들
이렇게 때가 되면 제들 스스로
아장아장 일어서는 기특한 것들
세상천지 어디에서 또 볼 수 있을까요

미라가 된 겨울

　저기 눈사람처럼 말이 없는 밤이 웅크리고 있다
　새벽이 여명을 비추자 아침이 겨우 눈을 뜬다
　온밤을 표류하던 숱한 활자들이 몽롱한 안개처럼 그의 곁을 떠나지 않고 어른거린다
　약수터에서 적합 판정을 받은 햇살을 데리고 돌아와 혼미한 정신을 겨우 차렸지만 왠지 그이 출근이 불안해 보인다
　사무실에 겨우 도착한 해는 기획회의에 참석하기 위해 엘리베이터를 타고 급히 중천에 오르며, 한밤중에도 보기 힘들다는 그믐달을 첨부해 멋지게 브리핑할 속셈이다
　희소가치를 지닌 그믐이 첨부되어서인지 한낮은 바이오리듬이 승승장구, 그런데 그믐달이 그만 낮의 등에 비수를 꽂은 것일까
　오후는 급격히 어두워지더니 해는 그만 행방불명이 되고 만다
　상심한 오후는 석양에 얼굴을 파묻은 채 어둠 속으로 잠겨든다
　몇 번이나 뒤척이던 밤은 기다란 베개를 안은 채 겨우 잠자리에 든다
　수척한 밤은 그렇게 말이 없을 뿐이다
　때마침 길 잃은 고양이들의 울음소리가 고즈넉한 밤의 멱살을 잡고 흔들어 댄다
　그새 시계 소리도 잠 못 이룬 밤의 뼈마디를 째깍째깍 부

쉬 버린다
 지상에는 제 몸도 가누기 힘든 낙엽이 밤의 시린 옆구리를 스치고 지나간다
 휘리릭, 세차게 내린 눈이 얼어붙은 나뭇가지 손에 굳은 살처럼 박혀온다
 불면증에 시달린 밤의 어깨에도 내려와 쌓인다
 저기 눈사람처럼 말이 없는 실업의 밤이 웅크리고 있다

청춘에게

나는 네가 대견스럽다
지독한 졸음에 고개 담장이 무너져도
무서운 몽환에 놀란 밤이 가위눌려도
솔찬히 솔찬히 대견스럽다
한밤 내 죽도록, 그 불투명한
미래의 끝을 그러잡으려했으니
그럴 수밖에

나는 네가 참 믿음직하다
존재의 집에서 가출을 해도
미지의 어딘들 방황을 해도
오지게 오지게 믿음직하다
방황은
짧을수록 좋다는 것을 알고 있기에
그것의 시작과 끝이
아무 곳인지를 알고 있기에
그럴 수밖에

나는 네가 하 참 사랑스럽다
이제 네가 뭘 해도
참말로 참말로 사랑스럽다
한때 헛된 꿈을 꾸어 무모한 의기를 부렸어도

그 꿈은 남상濫觴의 숨결이요,
천지를 요동케 하는 봄의 싹이기에 그렇고
방황은 새벽 동토를 뚫고 고개를 내미는
꼭두서니 그 햇살,
너의 특권이기에 더욱 그렇다

4부

사리원 역에서

나는
엊저녁
황해북도
어디쯤에 있을
사리원역에 갔었다
차창에 풍경의 파편들이
우박처럼 거세게 달려들었다
은파인가, 봉산인가, 아무튼지
평야의 어둠이 유령처럼 다가왔다
재령강으로 갈수록 평야는 가까워지고
두려움도 낯설음도 거리만큼 더해 갔다
누군가 서투른 어투로 말을 건네 왔다
주린 들쥐의 본능으로 귀를 세웠다
거기는 아메리카도 아프리카도
북경도 모스크바도 없었다
모국어만 있었다
꽃비가 내렸다
경의선과
황해선이 만나고
또 다른 고향도 만났다
사리원의 밤이 포근히 다가왔다
선창의 낮은 창문을 껴안은

여인숙에 들어, 아련한
해조음에 젖은 채
단잠에 들 수
있었다

시외버스 터미널에서

내 고향 해남에 내려 갈 때면
분신 같은 자동차를 벗어 던지고
사무실의 나도 감금해 놓고
맨발로 정류장으로 달려갑니다
덜커덩 덜커덩 종종걸음으로
매표소에 가 줄을 서 보고, 간만에
사람들의 선한 뒷모습도 바라봅니다
항용 설렌 마음으로 살기 위해
이것저것 충동구매를 한없이 해 봅니다
삶은 계란과 노르스름한 땅콩
한입 베어 먹여주시던 어머니, 그 능금
가방 한가득 꾹꾹 눌러 담아 봅니다
대합실에는 여직 중년의 아버지께서
빛바랜 사진처럼 신문을 보고 계시고
나도 제법 근사하게 그 자리에 앉아
이리저리 뒤적뒤적 넘겨봅니다
세상만사 둥글둥글 돌아봅니다
정말이지정말이지 할 일 없이
오가는 표정들 죄다 읽어 봅니다

겨울 남광주역

바람도 된바람 속에 웅크리는 겨울밤

곱은 손 하나 둘 너의 문을 두드리면
얼어붙은 마음마저 녹여 주었는데

오가는 인적들 자국눈 녹듯 사라지니
넌 이제 홀로 초병이 되어
그림자마저 을씨년스럽구나

시간의 물레 속에 감겨 있는 이별과
해름이 될 때까지 기다리다 지친 해후들

오늘도 넌 불 켜진 밤기차 되어
밤새 잠 못 이룬 장명등 아래

그리움의 씨줄 날줄 풀어가면서
기약 없는 긴 사연의 편지를 쓰는구나,
뜨거운 눈물 한 솥 끓여 가면서

즐거운 소음

   장날은 새벽을 열어 땅거미가 내릴 때까지 만국기 펄럭이듯 소음들로 흥성거린다
   좌판 위 생선들은 와불처럼 누워 먼저 팔려간 제 붙이의 극락왕생을 기원한다
   더러 지탱할 뿌리와 기댈 가지조차 없는 청과물들은 뿌리가지 뽑힌 자신의 신세를 한탄한다
   우시장 한 쪽에서는 차력사가 호각을 불 듯 가쁜 숨을 내뿜으며 타오르는 불꽃에 희망의 기름을 끼얹는다
   훅, 벌건 불꽃 잎들이 사방으로 날아가자 흩어진 사람들이 모여든다
   유리병 속에 갇혀 있는 술 취한 뱀들도 이내 관심을 끌어보려고 정지된 혓바닥을 날름거린다
   아낙들은 종일 장바닥을 쓸고 다니며 싱싱한 물건을 내놓아라, 또 다른 성기를 내놓아라, 그렇지 않으면 구워 먹겠다고 으름장을 놓는다
   파장이 되자 종일 바쁘게 돌아다닌 소음들도 즐거운 신 새벽을 만나기 위해 깊은 잠에 빠져 든다

충장로*, 밤 깊은

  사방의 지류에서 밤의 수로를 타고 흘러 들어온 수많은 인파들
  퇴주하던 견훤의 무리가 후미진 도암골 운주사에 흘러들어 천불천답 신생의 돛을 올리려는 듯 함성의 옷이 흠뻑 젖은 채 온 밤을 흔들어댄다
  회냉기 물씬 풍기는 밤의 치맛자락 안에서 만월이 다 이지러지도록 출렁대고 싶은 걸까
  흥청대는 소용돌이 속에서 역사의 물기둥을 세우려는 저 거침없는 광기들
  새벽이 들이닥쳐 제 몸을 텅 비울 때까지 생의 지축을 세우리라
  실핏줄 터지듯 범람한 시간이 지나자 성긴 인파들 하나 둘 씩 밤의 수문 위에서 찰랑거린다
  더러는 한 무리의 낙화처럼 높고 낮은 어깨를 들썩이며 하얀 어둠 아래로 추락한다
  쾅, 닫힌 수문 아래에는 언제나 씁쓸한 소설의 흔적만이 남아 있는 법
  책장을 넘겨 볼 겨를도 없이 불야성을 쌓을 또 다른 인파들이 수문 저편에서 몰려온다

* 충장로 : 빛고을 광주의 일 번지.

석모도 밀물

난 아직도
빨간 조끼를 즐겨 입은 그녀를 생각하면
붉은 리트머스처럼 홍조가 번져간다
노을빛에 반짝이던 그대의 잔영이
인화된 필름처럼 각인된 것일까
단풍이 물들어 갈 때면
무장 타들어가는 날 보게 된다
붉은 너울을 먼발치에서 바라보는 푸른 풍랑에도
종일 그의 곁에서 일렁이는 금빛 파랑에도
단풍의 유전자는 남아 있는 것일까
철썩 철썩, 그녀의 걸음이 다가올 적마다
녹슨 청력에 종소리가 들려온다
잃어버린 시력에 등불이 켜진다
지금도 난
석모도 노을 아래
만조가 되어 돌아온 그녀를 바라보면
정지된 시간에 수혈이 된다

칠산도 썰물

간절한 이에게 그대는
지루한 반복의 한쪽이 아니라
기억의 처녀성마저 강탈해가는
새틋한 암흑이어라
수평선 끝자락 그대 뒷모습이
노을의 집에 들 때까지, 내 눈은
한 순간도 태만할 수 없어라
그리하여 철커덕
야음이 문을 잠그면
술래의 애간장을 다 사르는
비밀한 암호가 되어라
그대 다시 만나려 수평선까지
몇 사리의 실타래를 풀어 놓았던가
그대 다시 볼 수 없어 대해 한복판에
몇 번이나 첨벙첨벙 뛰어들었는가
보이지 않음이여
내 그대 위해 숨도 죽였느니
얼마나 가없는 황홀경인가
오, 순결한 은닉
궁벽한 가슴에 무시로 찾아오나니
꼭꼭 숨어라 머리카락 출렁, 보일라
그대 없어 난 만날 눈 뜰 수 있네
그대 있어 난 만날 숨 쉴 수 없네

광암터 설화

월출산 능선에 얼추 천년은 넘게
가부좌를 틀고 앉아있는 기암괴석들

수도승처럼 마냥 수더분한 얼굴로
살가운 미소를 보내고 있지

그런데 그들의 미소 속에는
묵은 세월 간직해 온 사연이 있어

석탄기부터 삶의 무게를 이기지 못해
이곳에 하나 둘 씩 굴러 떨어진
하얗게 놀란 달들이었지

이승에서의 질긴 정을 이기지 못해
이곳에서 아등바등 우겨 살아온
날개옷을 잃어버린 선녀들이었어

그런데 이들이 긴 세월을 버텨 온 것은
상심의 등을 토닥여 준 노송이 있었던 거지

사람 같았으면 진즉 손을 놓았을 텐데
지금껏 비탈에 서서 마음을 붙들고 있어

삼학도

유달 장수 사모한 세 처녀의 슬픈 설화
학이 되어 날아가다 슬픈 섬이 되었구려

임 그려 우는 마음 화살 되어 날아오고
가슴에 맞은 절개 구곡간장 끊어놓네

갈매기 떼 끼룩끼룩 연락선도 왔다갔다
이별의 눈물이냐 해후의 기쁨이냐

들락날락 나들목 가슴 아린 포구에서
유달산을 베개 삼아 쉬었다 갈까보다

헉헉 숨찬 인생길에 된바람도 불지만은
삼학소주 벗을 삼아 만단시름 달래보리

흥정바치 흥야항야 어시장 길 돌고 돌아
홍탁洪濁에 흥을 돋워 풍류남아 되어보리

꽃무릇 당신

어찌하여 당신은
오늘이 지나가고
내일이 바뀌어도
오로지 당신밖에
모르시게 하옵니까

내 머릿속엔 종일
당신의 순수한 줄기와
당신의 수줍은 꽃부리,
오직 참모습만이
가득할 뿐입니다

그리하여 당신은
계절이 지나가고
해가 또 바뀌어도
영원히 당신밖에
모르시게 하옵니까

내 마음속엔 이제
당신에게 뻗어갈 줄기와
당신에게 키스할 이파리,
오직 참사랑만이
존재할 뿐입니다

능소화 질 무렵

상처를 받아 본 자만이
상심의 본질을 말할 수 있듯이
오랜 방랑의 길
해와 불과 별에
애간장이 타버린 자라투스트라*
그대의 광기만이
낙화를 논할 수 있나니

어느 날, 마른자리를 전전하며
세습의 의자에 안주하던 자가
뜬금없이 뉴스데스크에 나와
낙화의 상심을 운운하는 것은

귀 떨어진 증서도 없이
잡기나 팔아먹는 돌팔이가
환부에 대해 왈가왈부하는
어처구니없는 일
교양이라고는 아래아도 없는
막돼먹은 바람이
바담풍하면서 바람풍하라는
억지 부리는 궤변

>
능소화 뚝뚝 지기로소니
지난여름, 해와 불과 별에
애간장이 다 말라버린
그들의 그을린 상념에 젖어본다

* 자라투스트라 : 고대 페르시아의 종교가. 니체의 소설에서 현대적으로 재해석되기도 함.

가을에게

 가을비는 턱 밑에서도 그친다지만 기억의 운무 속에 남아 있는 너의 유년은 아직도 선명하구나
 나는 계절의 저편에서 수취인처럼 마냥 팔짱을 끼고 있었을 뿐인데 너는 잊지 않고 편지 같은 국향 한 다발을 또 보내왔구나
 공룡의 등줄기 같은 여름 능선에서 차갑고 습한 기류들이 충돌할 때마다 네 가슴에는 폭우가 내렸다지
 하지만 뜨락엔 네가 보낸 황국 백국 이야기들로 만발하구나
 그래 넌 참 코스모스도 좋아했지
 코스모스를 좋아해서 가냘픈 형용사가 야윈 네 몸을 감싸곤 했어
 때론 낙엽을 닮아 바람에 자꾸 흔들렸지만, 청명한 아침이면 다시 햇살의 문을 열어 웃음 띤 얼굴을 보여주었지
 그 때부터 난 네가 이승에서 처음 열린 꽃다지라는 사실을 알고, 마음 깊은 곳에 자리한 너를 만나러 가을 중 싸대듯 돌아다닌다

금강산 엘레지

가리산지리산하던 슬픔이
며칠 째 머물러 있는 플랫폼
버스는 떠나기 아쉬운 듯
지네의 더듬이처럼 구물거린다
어머니 어머니,
긴 세월 한 맺힌 통곡은
차창에 부딪쳐 무음으로 튕겨 나오고
흔드는 손은 다시
기약 없는 휴전선이 된다
오냐 오냐 그래 내 자식아,
마른 젖이라도 물리고 싶은
처절한 호명들
목멘 하늘 사방에 흩어져
홀씨 되어 날아간다
버스는 먼지바람을 뒤로 한 채 떠나고
다만 차창에 달라붙은 지독한 정은
끊어질 듯 이어져 메아리로 되돌아온다
아, 피를 토하듯 범람한 애증의 눈물
가다가다 쩍쩍 갈라진 빈 강이나 만나서
장맛비 쏟아버리듯 부릴 수나 있었으면

인간 새

공중 길을 다니는 것이
비단 새뿐이랴
높바람 속에서도 허공을 날아다니는
그의 헤진 날개는 늘
축축한 일상에 젖어 있었다
직장을 그만 둔 뒤
비계 위를 오르내리며
하늘 대지에 집을 짓고 다니기에
그를 본 사람들은 대개
반쯤 새가 되었다고 한다
누군가를 위해
거친 숨과 전쟁을 치른다는 것은
비록 먹고 살자고 하는 일이지만
좌우명으로 삼지 않고서는 안 될 일이다
그래 바람이 거세게 불어도
자꾸 밧줄을 망각한 채
시간에서 벗어나 일을 했다
무슨 스파이더맨이라도 된 듯
겁도 없이 허공 벽을 오르내렸다
그의 호주머니엔 아마
어머니께서 주신 부적이 있기 때문이리라
그런 이유로 그를 아는 사람들은

그냥 저냥 미스터 부라 불렀다
그가 정작 새가 되어 날아간 뒤에도
한동안은 그를 미스터 부라 칭했다
사람들은 그의 성도 이름도 몰랐지만
알려고 하지도 안했다

세상에서 가장 쉬운 말

미안하다는 말을 뇌옥에서 꺼내기까지는
지구를 몇 바퀴 더 돌아야 할까

오랜 수감생활에 빛바랜 사전처럼
말의 갈피가 찢겨나간 것일까

생각의 속도에 가속 페달을 밟고
거기에 나이를 제곱하면 튀쳐 나오려나

그러면 그의 초성이 수의를 입은 채
빗장 밖으로 얼굴을 내밀겠지, 반달인 듯

그런데 그보다 나이가 어린
죄송하다는 말은 또 어디에 갇혀 있는가

고개 숙인 언어로 나지막이 중얼대기까지는
변명의 무덤, 몇 개를 더 허물어야 할까

그는 태생적으로 사려의 여백이 없기에
상념의 어둠살에 여직 묻혀 있는 것일까

생각의 헐은 상처에 패이소스 연고를 바르고

모나지 않는 말의 둥근 밴드를 붙이면 아물려나

그러면 그의 초발성이 목청의 지하로부터 올라와
사리의 분화구에서 터지겠지, 마그마처럼

해설

만물의 생명력과 불이의 운명

이성혁 문학평론가

만물의 생명력과 불이의 운명

이성혁 문학평론가

1.

 어떤 시집을 읽으면 마치 아는 사람을 만난 것 같은 느낌이 들 때가 있다. 그 시집을 쓴 시인을 한 번도 만나보지 못했더라도 말이다. 어떤 친근함 같은 것이 느껴지는 것, 최명률 시인의 첫 시집 『바람의 옷깃』을 읽으면서 받은 첫인상이 바로 그러한 느낌이다. 최명률 시인이 등단한 해는 2006년이니, 이 시집은 등단 13년 만에 내는 시집이다. 그만큼 많은 세월이 이 시집 안에 녹아들어 있는 것인데, 그 세월 동안 세상을 관찰하면서 삶의 길과 진리를 찾는 시인의 모습은 필자가 잘 아는 동료의 모습 같다. 꼭 낯설고 새로워야만 좋은 시라고 말할 수는 없으며 문학사적으로 독특해야만 좋은 시집이 되는 것은 아니라고 생각한다. 시 쓰기를 통해 삶의 의미를 찾으려는 어떤 동료가 수줍게 낸 시집이 어떤 시집보다도 감동을 줄 수 있다. 이 시집이 주는 친근감이란 그러한 감동과 비슷한 성격을 가진다. 이는 최명률 시인의 시가 아마추어가 쓴 평범한 일기 같다는 의미가 아니다. 그와는 정반대다. 이 시집을 읽으면서 이 시인이 시 쓰기에 힘을 다해 정진하는 분이며 시를 잘 쓰는 분이라는 생각을 했다. 또 그의 시에는 유니크한 면이 없지 않다. 13년 세월이 담긴 시집이어서인지, 이 시집에는 시인의 시세계가 분산되어 있다는 느낌이 드는 것이 사실이다. 하지만 세월이 세월이니만큼 그것은 그것대로 이해해야 하지 않는가 생각한다.

  방금 유니크한 면이 있다고 했는데, 시집 원고의 앞부분에 실린 시편들을 읽으면시 그런 생각을 했다. 시집 서두의 '선 연작'은 발상이 신선한 알레고리 시다. 특히「원의 굴레」를 읽으면서 묘하게 슬픔이 느껴졌다.

    그는 본래 직선이었다
    그러다보니 본의 아니게 남들에게 뾰족한 상처를 주게 되었다
    그래 예리한 성정을 최소화하기 위해 삼각형이 되기로 하였다
    그 후, 일면 날카로움이 더해져 남들이 꺼려하는 사금파리가 되었다
    한 치 앞을 내다보지 못한다는 것이 세상사라지만 예상치 못한 진화였다
    불현듯 제 살을 깎아내는 고통을 감수키로 하였다
    다각형이 드러났다
    구르고 또 굴러 타원형이 되었다
    한쪽을 건드리면 다른 한쪽이 울룩, 저쪽을 건드리면 다

시 이쪽이 불룩, 욕망과 능력이 시소를 타면서 완전한 균형
은 존재하지 않았다
 불안한 마음에 분노가 고이고 슬픔은 저절로 몸 안에 쌓
였다
 분노의 세포는 2세포 4세포로 분열이 되었고 말경에는
염색체까지 분열되면서 슬픔은 기하급수적으로 커져 갔다
 일탈의 여지가 없는 닫혀있는 존재, 아무도 위로할 수 없
는 고독한 경계가 되었다
 ―「원의 굴레」전문

 위의 시는 우리 인생의 아이러니한 경로를 몇 줄의 시행에 압축하여 보여주고 있다. 삶을 어느 정도 살아온 사람들은 위의 시를 읽으면서 정말 그렇다는 동감을 표할 것 같다. '그'처럼 우리도 원래 직선 아니었겠는가? 하여 위의 시의 '그'를 '우리'로 바꾸어 쓰기로 해본다.
 직선이 나쁘다고는 할 수 없다. 곧이곧대로의 삶, 타협 없는 삶을 직선이 표상한다면 말이다. 하지만 직선으로 살 수는 없다는 것을 우리는 살다보면 알게 된다. 그러한 삶은 '본의 아니게' 타인에게 상처를 줄 수 있게 되기 때문이다. 그래서 직선의 날카로운 끝이 남을 찌르지 못하도록 선을 꺾어 삶을 삼각형으로 만들고자 한다. 하지만 아이러니컬하게도 그 삼각형의 꼭짓점 때문에 우리는 남들이 섞이기 싫어하는 사금파리처럼 되어버린다. 그래서 "제 살을 깎아내는 고통을 감수"하면서 선을 더 꺾어 다각형이 되고, 나아가 꼭짓점을 둥글게 만들기 위해 구르고 또 구르기도 하여 타원형이 된다. 하지만 타원형도 완전한 존재가 되지 못

한다. 세상은 타원의 이곳저곳을 누르기 시작한다. 그리하여 불안과 분노, 슬픔이 우리의 몸속으로 밀려들어와 누적되고, 우리는 더 이상 울룩불룩해지지 않기 위해 타원을 완전한 원으로 변모시킨다. 그러나 그 원은 이제 원 안쪽의 우리가 "일탈의 여지가 없는 닫혀 있는 존재"가 되어버렸다는 것을 의미한다. 또한 그 원은 밖에서 그 누구도 들어올 수 없는 경계선이 된다. 우리는 "아무도 위로할 수 없는 고독"의 삶을 살게 된 것이다.

위의 시는 참신한 상상력을 통해 인생이 겪어야 하는 슬픈 아이러니를 석확하게 보여주고 있다. 그러나 최명률의 세계관은 염세적이진 않다. 「직선의 몰락」에서 볼 수 있듯이 둥글어진다는 것이 직선의 날카로움을 구원하는 것으로 나타나기도 하며, 「평행선의 고백」에서는 만나지 못하는 평행선의 슬픈 운명에서도 삶의 역설적인 긍정을 끌어내기도 한다. 뒤의 시가 특히 인상적인데, 평행선은 항상 마주보기만 할 수 있고 만나지는 못하는 운명—"시공을 넘나들며 깊은 옹이처럼 처절하게 박혀버"린 간격을 안고 살아야 하는 운명—에 놓여 있는데, 그래서 서로를 더욱 "골똘히 생각"할 수밖에 없다. 그래서 서로는 "백번을 담금질해도 지워지지 않는, 당신은 이미 나의 지문"이 되어버린다는 것, 이에 "철길 끝 너머 우리들의 아름다운 풍경 오롯이 남"길 수 있다는 것이다. 두 평행선은 실제로 만나지는 못하지만 서로의 존재를 운명으로서 받아들이면서 언제나 생각해야 하기에 '아름다운 풍경'을 남길 수 있다. 이 시를 읽는 독자는 우리의 인생에서 이젠 만날 수 없는 평행선이 되어버린 사람을 떠올릴 것이다. 많은 사람들이 만날 수는 없지만 잊지는 못하는, 지문처럼 지워지지 않는 어떤 사람을 아련하고 슬프게 아픈 마음으로 품고 있을 것이다. 그들에게 시인은 너무 아파하지 말라고 위로한다. 당신과 만날 수는 없는 운명이지만, 그 운명이 우리 삶에 아름다움은 남겨 놓는다고 말이다.

2.

「평행선의 고백」 같은 시를 보아도, 최명률 시인은 적절한 비유를 통해 인생의 애환을 드러내고 위무할 줄 아는 시인이다. 「폐차장에서」도 잘 들어맞는 비유가 돋보인다. 이 시는 폐차가 폐차장에서 겪는 고통을 세밀한 구체성을 통해 묘사한다. 물론 폐차는 평생 노동하다가 몸이 망가진 폐물이 되어 죽음에 이르게 되는 우리네 인생을 비유하며, 폐차장은 죽음에 가까이 다가가 버린 환자들이 모여 있는 병원을 비유한다. 시인은 그 폐차장에 있는 폐차 직전의 고통에 찬 모습들을 엔진에서 나는 파열음, 공회전 하는 보닛, "장기 기증하듯 몸을 열고 닫을 뿐/ 아무 말이 없"이 관처럼 늘어선 차량들 등의 모습들로 묘사한다. 이 모습들은 응급실에서 "이내 뜨거워"지다가 "마침내 식어갈" 환자들의 알레고리다. 그런데 폐차의 운명을 가장 처절하게 드러내는 구절은 아래 인용한 시의 후반부라고 생각된다.

    다행이다
    어둠이 땅 바닥에서 바스락거린다
    어둠은 빛의 존재 이유

수리실 밖으로 세차게 달리고 싶다
	헤드라이트에 어둠이 들어온다

 "수리실 밖으로 세차게 달리고 싶다"는 것은 막 "헤드라이트에 어둠이 들어"오기 직전, 즉 목숨이 끊어지기 직전의 폐차가 마지막으로 가진 절실한 욕망일 것이다. 하지만 화자는 어둠이 오기에 다행이라고 한다. 폐차될 운명의 차는 어둠이 있기에 다행인 것, 죽음의 어둠이 고통을 앓고 있는 폐차에겐 도리어 빛이 될 수 있기 때문이다. 죽음이 삶보다 나은 저지로 몰린 아픈 차들. 하지만 이 폐차들 역시 마지막 순간에도 절실하게 어떤 욕망을 가진다. 이 욕망을 시인이 보여준 것은 폐차라고 하더라도 그것 역시 죽음 직전까지 삶을 살고 있다는 것을 보여주기 위해서일 것이다. 삶을 산다는 것은 욕망을 가진다는 것이며, 욕망이야말로 생명을 지속시키는 동인이기 때문이다.
 폐차될 운명에 놓인 차들, 즉 노동으로 지친 육신이 생명을 다하기 직전에 놓인 사람들 역시 고통 속에서도 삶을 살고 있다는 것을 「폐차장에서」는 보여준다. 시인이 사람들을 폐차에 비유한 것은 그만큼 우리 사회가 사람들의 삶을 자동차처럼 도구화하여 취급한다는 것을 말하기 위해서일 터이다. 우리는 기계처럼 사용되다가 폐차처럼 버려진다. 그래서 세상은 우리를 기계로 존재하도록 강요한다. 그리고 시인에 따르면 우리는 기계에 둘러싸여 있기도 하다. 특히 그는 카메라에 주목한다. 우리는 늘 카메라에 노출되어 있다.(CCTV를 생각해보라.) 카메라가 우리를 찍는지 모르고 찍히고 있으니 그 카메라는 '몰래카메라'다. 몰래카메라는 "표적의 미동만 감지되면/ 굶주린 이리처럼 닥친 대로 물어뜯"(「몰래카메라」)는다. 기계는 우리를 알게 모르게 물어뜯고 있다. 그런데 「몰래카메라」에서 그 카메라는 인간의 모습으로 비유되기도 한다. 그 카메라는 "질기고도 질긴 관음증"을 앓고 있어서 결국 "실핏줄 터지고 안구까지 패인 채로/ 전봇대에 참수된 채 매달려 있"다는 것이다. 이러한 비유는 비유에 그치는 것이 아니라 SNS 문화를 연상시키기도 하지 않는가? 몰래카메라에 물어뜯기는 사람들은, 좀비처럼 그 자신이 몰래카메라가 되어 타인의 삶을 관음증 환자처럼 몰래 들여다보는 데에 자기 삶을 바치는 것이다.

  기계에 물어뜯기면서 기계가 되어가는 사람들, 그들의 삶은 참수된 자처럼 생명을 잃어버렸다. 삶을 죽이는 기계 문명에 대한 비판은 자연스레 시인을 대안적 삶으로서 식물의 상징을 찾게 만들 것이다. 「보리밥 철학」은 그가 살아가고자 하는 삶을 직접적으로 말해주고 있다. "바람 불면 서로를 찌르고 피멍이 들어도 바람과 함께 시린 상처 후후 불어 주는, 들녘 아무 곳에서나 피었다 졌다 다시 흐드러지게 피어나는 민들레"가 그러한 삶. 그 삶은 민초의 삶이라고 하겠다. 바람이 불 때 민초들은 아웅다웅 다투며 살 수밖에 없다. 민초는 고결한 귀족이 아니다. 귀족은 부와 사회적 지위라는 바람막이가 있지만 민중은 세파를 그대로 맞아야 한다. 그래서 서로를 찌르게도 되고 하는 것이다. 하지만 민초들은 곧 서로의 상처를 위로하면서 살아가는 연대의식과 생명력을 가지고 있다. 또한 민초들은 민들레처럼 바람의 힘에 휘날려 여기저기 아무 곳에나 옮겨 다니면서 피었다 지고 다시 피며 살아가야 한다. 시인은 자신을 이러한 민초의 일원으로 위치시키고 그 삶을 그대로 살아가고자 한다.

　최명률 시인은 민초의 고난스러운 삶을 운명으로 수용하면서 그 삶이 가진 질긴 생명력을 바람 잘 날 없는 세상을 헤쳐 나갈 자신의 힘으로 가지길 원한다. 그는 '질경이'에서 질긴 민초의 생명력을 찾아낸다.(질경이는 생명력이 질기기로 이름난 풀이다. 그래서 이름도 '질경이'로 붙여졌다.) 질경이는 "여름 내 아무 들판에서나/ 지독한 불볕과 싹쓸바람을 온몸으로 견뎌낸"(「질경이」)다. 그런데 시인에 의하면, 질경이는 또 다른 미덕을 가지고 있다. 그 풀은 "뿌리 뽑힌 나무처럼/ 길손의 생길을 막"지 않으며 '수레바퀴'나 "소 발자국 아래서도/ 묵묵히 길을 열어준"(같은 시)다는 미덕 말이다. 타자의 삶을 가로막지 않고 도리어 길을 열어주는 넉넉한 마음, 그 마음이 "불볕과 싹쓸바람을" 견딜 수 있게 하는 생명력의 원천일 것이다. 그래서 시인은 이 질경이의 마음을 닮고 싶어 하는 것일 텐데, 그가 생각하는 가장 모범적인 삶은 아래의 '기둥선인장'이 보여주고 있는 듯하다.

　　그의 별은 오직 사막일 뿐이다
　　그의 영토에는 더러
　　낙타를 끌고 다니는 예닐곱의 장꾼만이 오고 간다
　　허나 장꾼을 내쫓는 독사처럼 영유권을 주장하거나
　　코끼리를 삼켜버린 보아뱀처럼 식탐을 부리지 않는다
　　그래서 사구가 넓거나 좁다고 느낄 까닭이 없고
　　물 한 모금 구하기 힘들다고 투정부릴 이유도 없다

다만 기둥 하나에 서로 기대어 살면 그로 족하고
어딘가에 오아시스가 있을 거라는 신념만이 중요할 뿐
이다
때로는 모래바람이 불어 닥칠지라도
한낮의 태양이 작열灼熱할지라도
가시눈의 동공이 균형을 잃거나
머리 위의 해를 내려놓은 적이 없다
더구나 한 걸음도 움직이지 못한 자신의 처지를
운명의 장난으로 여긴 적은 더더욱 없다
다만 장꾼들이
뿌리 없이 떠도는 바람의 생태를 닮아가는 것이
가엾게 여겨질 뿐이다
밤이 되면 상극의 전장으로부터 끝없이 후퇴하여
그의 별 한가운데 수직으로 주둔할 뿐이다

이 '기둥선인장'은 민들레나 질경이와는 달리 지사와 같은 고고한 면모를 갖고 있다. 최명륜 시인은 자신이 저 선인장과 같은 삶을 살고 싶다기보다는 존경하고 기리고 싶은 삶의 상징으로 선인장의 모습을 보여준다. 저 선인장의 모습은 어떠한가. 사막을 별 삼아 홀로 모래바람과 태양의 불볕을 견디며 흔들리지 않고 서 있다. "그의 별 한가운데 수직으로 주둔할 뿐"인 것이다. 선인장은 그렇게 사막에 홀로 서 있어야 하는 운명을 자신의 삶으로서 적극적으로 받아들인다. 그 운명을 "운명의 장난으로 여긴 적"이 없다. 선인장은 그의 영토에 "예닐곱의 장꾼만이 오고" 갈 뿐인 고독을 살아가되, 사구가 어떻다느니 물이 없다느니 하는 투정을 부리지 않는다. 또한 '독사'처럼 "영유권을 주장하거나" "보아뱀처럼 식탐을 부리지"도 않는다. 이렇게 자기 자신의 삶 그대로를 굳건하게 살아가는 선인장은 바람에 따라 "뿌리 없이 떠도는" 장꾼들을 도리어 가엾게 여긴다.

하지만 이러한 선인장의 자세가 현실을 그대로 수리한다는 의미는 아니다. 또한 선인장은 독야청청 자기 혼자만 잘났다고 살아가는 존재도 아니다. "어딘가에 오아시스가 있을 거라는 신념만을 중요"시 여기면서 "기둥 하나에 서로 기대어" 사는 것으로 '족함'을 느끼며 사는 것을 보면 말이다. 오아시스가 있을 거라는 신념은 고통스러운 사막에서의 삶과는 다른 삶을 살 수 있는 세계가 있으리라는 믿음이다. 이 신념이 선인장으로 하여금 사막의 삶을 흔들리지 않고 받아들이며 살 수 있는 힘이 되었을 것이다. 일제 강점기 독립지사들도 그러한 신념의 힘으로 가난과 고난을 견뎌내며 식민의 땅을 살아내지 않았겠는가. 이렇게 지사적인 삶을 그려낸 위의 시는 이 시집에서 보기 드문 성격을 가진 시이지만, 상징적 이미지를 잘 살린 수작이라고 생각되어 전문 인용하여 살펴보았다.

3.

앞에서 보았듯이 최명률 시인은 식물의 이미지로부터 사람을 기계화하고 도구화하는 현대문명의 삶과는 다른 대안적 삶을 찾아내었다. 식물의 속성으로부터 기계가 아닌 사람다운 삶을 발견하고자 했던 것이다. 또한 그는 일련의 시편들에서 봄에 피는 꽃을 통해 민중의 집단적인 생명력을 상징적으로 보여주고자 했다. 그는 "삼동의 그물망을 뚫고 나"와 자신을 펼치기 시작하는 봄의 모습을 "거리마다 대지마다/ 주체할 수 없이 뛰쳐나온 시위꾼들"(「봄의 넉살」)이라고 표현한다. 이 '시위꾼들'은 초봄에 피는 꽃을 비유하는 것일 텐데, 반대로 대지와 거리에 피는 초봄의 꽃들이 시위꾼들의 생명력을 비유한다고도 말할 수 있다. 다시 말해 우리를 움츠려들게 하는 겨울의 압제를 이겨내기 위해 제 생명을 세상에 펼쳐내는 존재, 그것은 초봄에 피어나기 시작하는 꽃이자 겨울 세상을 바꾸고자 하는 시위꾼들이다.

  이 시위꾼들의 모습은 장엄하지 않다. 초봄에 피는 꽃들처럼 작고 환하며 웃는 모습이다. 시위꾼들의 함성은 "까르르 터져 나"오는 "섭리의 함성"이다. 민중의 집단적인 힘은 이러한 명랑함을 제 속성으로 가지고 있는 것, 시위꾼들의 함성은 생명력의 자기 발현이기 때문에 기쁨의 정동을 동반한다. 그러나 비극을 드러내는 꽃도 있다. 5월에 피는 찔레꽃은 80년 5월 금남로에 울린 피의 함성과 죽음을 연상시킨다.(「찔레꽃 함성」) 하지만 그 꽃 역시 부정적인 의미를 가지진 않는다. 어떤 "복욱한 향기"(같은 시)를 그 '찔레꽃 함성'은 세상에 퍼뜨리는 것이다. 이 향기야말로, 비록 진압되었지만 여전히 대기에 남아 세상을 움직이는 민중의 아름다운 힘을 표현한다. 그 아름다운 힘은 사랑의 힘이다. 사랑이야말로 생명을 북돋고 확산하는 힘을 가지고 있는 바, 역시 5월에 피는 붉은 꽃인 '철쭉'은, 아래의 시에 의하면 바로 봄의 생명력, 그 사랑의 미칠 듯한 힘을 상징한다.

  자,

여기
봄, 일어선다
동토를 뚫는다,
숙수그레한 맹아들
화란 춘성을 쌓는다,
다물다물 아지랑이들
오월 초입에 들자마자
화르르 밑불 달아오르고
꽃샘잎샘 툭툭 분지르며
소용돌이치는 홍염들이여
지칠 줄 모르고 꽃샘 사르는
벌건 접낫 같은 몸뚱아리여
그대 얼마를 더 살라버려야
그 광기가 수그러들겠는가
천방지방으로 뛰어 다니며
온산을 붉게 물들이다가
한세상 못 다한 사랑
목청껏 쏟아내다가
스스로의 무게로
함지에 갈앉은
노을
꽃
　— 「철쭉제」 전문

　이 시는 "동토를 뚫는" 봄의 생명력이 결국 저 봄의 절정인 철쭉을 피어내고는 그 철쭉이 지기까지의 과정을 그리고 있다.(이와 함께 시인은 이파리의 시각적 형상까지 실제로 그래픽하게 그려냈다.) "다물다물 아지랑이들"이 "오월 초입에 들자마자" 무리지어 피어나는 철쭉으로 변모하고, 그 철쭉의 기세는 "소용돌이치는 홍염들"처럼 거세다. 온 세상을 살라버리며 붉게 물들이는 기세에 대해 시인은 광기라고도 표현하는 바, 이는 사랑으로 피어오르는 생명력의 극한이라고 하겠다. 사랑이야말로 생명이 자기 힘을 다하는 가장 뜨거운 열정인 것이다. 오월의 봄은 "한세상 못다한 사랑"을 이번에야 하겠다는 듯이 철쭉을 "목청껏 쏟아내"는 것. 이 철쭉의 모습에서도 「찔레꽃 함성」에서 보았던 80년 5월 광주를 연상하는 것은 나뿐일까? 최명률 시인의 비유 체계에서 볼 때 그러한 연상은 무리한 일이 아니다. 민중의 봉기는 억눌린 생명의 힘, 결국은 사랑하고자 하는 힘이 철쭉이 흐드러지게 피듯 터져 나오는 것이라고 할 수 있는 것이다.

허나 위의 시가 80년 광주의 5월을 '철쭉제'로 비유하고 있다고도 볼 수 있지만, 철쭉이 핀 모습이 80년 5월 광주를 비유한다고도 할 수 있다. 즉 5월이 펼쳐낸 붉은 '철쭉제'에서 80년 5월 광주의 재현을 시인이 읽어낸다고도 할 수 있는 것이다. 그 재현은 결국 끝이 날 것이다. 철쭉도 시간이 지나면 지기 때문이다. 철쭉 역시 결국 "스스로의 무게로" 노을처럼 가라앉는다. 민중의 사랑이 미치도록 아름답게 피어난 후 가라앉는 시간이 오는 것. 이 시간의 사람들은 어떻게 살고 있을 것인가? 일상의 시간에서 삶을 꾸려나가는 사람들의 모습 말이다. 시인은 이들의 모습을 몇몇 시편들에서 보여주는 바, 이때는 상징적인 비유를 구축하기보다는 리얼한 묘사를 통해 그 모습을 조명한다.

「시외버스터미널에서」라는 시는 일상을 관찰하고자 하는 시인의 태도를 잘 보여준다. 그는 이 시에서 "내 고향 해남에 내려갈 때" 설렘의 마음으로 자신이 하는 행동을 나열하고 있는 바, 시의 마지막 부분에서 "세상만사 둥글둥글 돌아봅니다/ 정말이지 정말이지 할 일 없이/ 오가는 표정들 죄다 읽어 봅니다"라고 말하고 있다. 이 시의 특색은 시인이 비록 관찰자의 입장에 있지만 사람들과의 거리를 좁히고자 하는 태도를 보이고 있다는 데 있다. 앞에서 본 질경이나 신인징, 그리고 봄에 피는 꽃들에 대한 시는 대상과 거리를 두고 놀라움을 동반한 어떤 발견을 보여주었다. 하지만 이 시에서 시인은 고향에 간다는 들뜬 마음으로 사람들의 모습을 '둥글둥글' 돌아보면서 '할 일 없이' 읽어보고 있다. 아래의 시 경우에는 관찰하는 대상에 섞여 시인 자신이 흥겨운 마음이 되고 있는 바, 묘사 대상과 시인의 거리가 아주 가까워진다.

  장날은 새벽을 열어 땅거미가 내릴 때까지 만국기 펄럭이듯 소음들로 흥성거린다
  좌판 위 생선들은 와불처럼 누워 먼저 팔려간 제 붙이의 극락왕생을 기원한다
  더러 지탱할 뿌리와 기댈 가지조차 없는 청과물들은 뿌리가지 뽑힌 자신의 신세를 한탄한다
  우시장 한 쪽에서는 차력사가 호각을 불 듯 가쁜 숨을 내뿜으며 타오르는 불꽃에 희망의 기름을 끼얹는다
  훅, 벌건 불꽃 잎들이 사방으로 날아가자 흩어진 사람들

이 모여든다

  유리병 속에 갇혀 있는 술 취한 뱀들도 이내 관심을 끌어 보려고 정지된 혓바닥을 날름거린다

  아낙들은 종일 장바닥을 쓸고 다니며 싱싱한 물건을 내놓아라, 또 다른 성기를 내놓아라, 그렇지 않으면 구워 먹겠다고 으름장을 놓는다

  파장이 되자 종일 바쁘게 돌아다닌 소음들도 즐거운 신새벽을 만나기 위해 깊은 잠에 빠져 든다

  —「즐거운 소음」 전문

'즐거운 소음'이라는 시 제목은 소음이 즐겁다는 의미와 함께 시인 역시 즐겁다는 의미가 중첩되어 있다. 시인의 즐거움은 흥겹게 풀려가는 리듬으로도 나타난다. 그 리듬은 소음으로 가득한 장날의 흥겨움을 표현한다.(시인은 펄럭이는 만국기의 모습을 통해 그 '흥성거'리는 소음의 리듬을 절묘하게 시각적으로 이미지화하고 있기도 하다.) 장날 좌판에 올라간 먹거리들은 사람처럼 살아 있다. "제 붙이의 극락왕생을 기원"하는 생선들, "뿌리 가지 뽑힌 자신의 신세를 한탄"하고 있는 청과물들…. 뱀술 속의 뱀도 자기를 봐달라고 "혓바닥을 날름거"리고 있지 않은가. 장날 시장의 모든 것들은 제각각 자신의 처지에서 자신의 삶을 살아가면서 공존한다. 인간은 어떠한가. 이곳의 인간들은 장날의 북적이는 생명력의 발현에 직결되어 있는 모습이다. 차력사는 불꽃을 내뿜으며 생명력을 현현하고 있으며 아낙들은 노골적으로 "싱싱한 성기"같은 "싱싱한 물건"을 내놓지 않으면 「구지가」에서처럼 "구워 먹겠다고 으름장을 놓"고

있다. 이 생명으로 흥청거리는 장소에서 시인 역시 들림의 경험을 하게 될 것인데, 저 장날의 시장에서 공존하는 모든 것들이 생명의 소음으로 연결되듯이 시인 역시 시장 속에 있는 한 구성원으로서 저 대상들과 연결된다. 그는 저 장날이 보여주는 광경에서 떨어져 있는 관찰자가 아니라 저 생명의 축제에 동참하면서 눈에 띄는 대상들에 대해 흥겹게 진술하고 있는 것이다.

이 시집의 표제작인 「바람의 옷깃」의 심오하고 철학적인 진술은 장날의 시장에서 겪었던 흥겨운 경험과 밀접한 관련이 있는 것 아닐까. 왜냐하면 저렇게 세계에 섞이는 경험은 세계의 모든 존재자들이 둘이 아니라는, 즉 불이不二라는 불교적 깨달음을 줄 수 있기 때문이다.

> 스쳐 지나가는 바람은 아닐진대
>
> 그것은 경이로운 것
>
> 단단한 보습으로 파낼 수 없는
>
> 날카로운 환도로도 자를 수 없는
>
> 아, 불이不二의 운명
> ─ 「바람의 옷깃」 전문

최명률 시인이 위의 시를 표제작으로 삼은 것은 이유가 있을 것이다. 이 시집이 전달하고자 하는 궁극적 의미를 위의 시가 보여주고 있기 때문 아니겠는가. 바람도 그냥 스쳐 지나가는 것은 아니라는 깨달음. 바람이 지나가면서 시인의 몸과 맞닿은 '바람의 옷깃'은 "파낼 수 없"고 "자를 수 없는" '불이의 운명'을 시인으로 하여금 깨닫게 만든다. 그 운명은 시인에게 '경이'를 가져다주는 바, 모든 존재자들이 운명적으로 둘이 아니라는 진리는 경이롭다. 이러한 경이로운 깨달음은 그냥 얻어질 수 없다. 만물에 대해 마음을 쏟고 세심하게 바라보며 그 만물의 생명력이 펼치는 장 속에 자신을 놓을 수 있을 때, 만물 하나하나의 생명이 모두 자신의 생명과 공존하고 있으며 운명적으로 연결되어 있다는 진리를 깨달을 수 있었을 것이다. 이 진리 위에서 최명률 시인의 길은 다시 열릴 터, 그가 그 길을 앞으로 어떻게 걸어 나갈지 궁금하다.

최명률

최명률 시인은 전남 해남에서 태어나 유년기부터 줄곧 광주에서 살아왔다. 조선대학교 사범대학 국어교육과를 졸업한 후 교직에 발을 내딛게 되었고, 교직생활을 하면서도 창작에 대한 열정으로 주경야독을 하여 광주대학교 대학원 문예창작과를 졸업하였다. 2006년 애지신인문학상을 수상하여 문단에 등단한 후 각종 문예지나 웹진에 많은 작품을 발표했으며, 5차례의 공동사화집을 발간하기도 했다.『바람의 옷깃』은 그의 첫 개인시집으로 포용과 성찰의 시학을 통해 다양한 스펙트럼의 시 세계를 보여주고 있다. 그러면서도 누구나 공감할 수 있도록 우리말의 아름다움을 살려 한국적인 정서와 가락을 노래하고 있다.

이메일 : mrchoi902@hanmail.net

최명률 시집
바람의 옷깃

발   행 2019년 4월 1일
지 은 이 최명률
펴 낸 이 반송림
편집디자인 김지호
펴 낸 곳 도서출판 지혜
          계간시전문지 애지
기획위원 반경환 이형권 황정산
주   소 34624 대전광역시 동구 선화로 203-1, 2층 도서출판 지혜 (삼성동)
전   화 042-625-1140
팩   스 042-627-1140
전자우편 ejisarang@hanmail.net
애지카페 cafe.daum.net/ejiliterature

ISBN : 979-11-5728-320-0 03810
값 9,000원

이 책의 판권은 지은이와 도서출판 지혜에 있습니다.
양측의 서면 동의 없는 무단 전제 및 복제를 금합니다.